Inhalt

Engpassfaktor Zeit - Strategien und Techniken im Zeitmanagement

Kernthesen

Beitrag

Fallbeispiele

Weiterführende Literatur

Impressum

Engpassfaktor Zeit - Strategien und Techniken im Zeitmanagement

I.Lukmann

Kernthesen

- In Unternehmen wird der Zeitfaktor zunehmend zu einer knappen Ressource: Häufige Unterbrechungen im Arbeitsablauf, zusätzliche oder außerplanmäßige Aufgaben sind daher die Herausforderungen für ein effizientes Zeitmanagement.
- Die Arbeitsorganisation jedes Mitarbeiters kann signifikant verbessert werden, wenn ein effizientes Zeitmanagement umgesetzt

wird.
- Techniken wie das setzen von Prioritäten, dem Eisenhower-Prinzip können dabei sehr hilfreich sein.

Beitrag

Mitarbeiter kämpfen heutzutage zunehmend damit, ihre Arbeit in immer knapperer Zeit zu erfüllen. Viele Termine überschneiden sich, sodass das Zeitmanagement an Bedeutung gewinnt. Daher wird es immer wichtiger, die eigene Arbeit sinnvoll zu strukturieren.

Im Zeitmanagement geht es im Wesentlichen um das zielorientierte Umsetzen von Arbeitsaufgaben. Darunter wird in der Regel die Planung von zeitabhängigen Arbeitsprozessen unter rationalen Gesichtspunkten zur maximalen und effizienten Nutzung einer bestimmten Zeitkapazität verstanden. Mit Hilfe des Zeitmanagements werden daher nicht nur Planungsaufgaben sondern auch Steuerungsmaßnahmen umgesetzt. (11)

Im Rahmen von Zeitmanagementkonzepten geht es im Kern darum, die vorhandene Zeit effizienter zu nutzen und in der gegebenen Zeitspanne die eigenen Aufgaben mit Hilfe von Zeiteinteilungs- und

Nutzungsstrategien optimal zu nutzen. Da die Zeit an sich immer gleich schnell vergeht, bleibt letztlich die Frage nach ihrer Nutzung. Ansätze aus dem Selbstmanagement können hierbei hilfreich sein. Dabei werden in der Hauptsache zwei Punkte betrachtet: Zum einen geht es darum, bestimmte Bereiche sinnvoller und effizienter zu organisieren und zum Anderen wird die Frage betrachtet, welche Ziele damit verfolgt werden und wie die durch das Selbst- und Zeitmanagement gewonnene Zeit wiederum verwendet werden soll. (6), (9)

Ausgangspunkt des Zeitmanagements: der links- und der rechtshirnig orientierte Arbeitsstil

Zunächst werden im Rahmen der Theorie des Zeitmanagements häufig zwei Kategorien unterschieden: die links- und die rechtshirnigen Menschen. Der linkshirnige Mensch ist charakterisiert durch seine sehr gewissenhafte und sachorientierte Arbeits- und Herangehensweise. Dagegen ist der rechtshirnige Mensch eher kreativ, an menschlichem Austausch interessiert und organisiert seine Arbeit in der Regel so, dass er an mehreren Projekten und Aufgaben gleichzeitig arbeiten kann. In diesem Sinne können einem rechtshirnigen Menschen Zeitmanagement Strategien wie das Sortieren und Aufteilen von Aufgaben in einzelne Arbeitspakete, um diese in einer sich vorgegebenen Zeit abzuarbeiten, schwer umzusetzen sein. (2)

Zeitmanagement als Karrierehelfer

Im Zusammenhang mit Konzepten des Zeitmanagements wird häufig von der effizienten Verwendung von Zeit und einem sinnvollen Selbstmanagement gesprochen. Auch Stress und Burnout wird in diesem Zusammenhang thematisiert. Daneben kann Zeitmanagement zudem bei der Karriere hilfreich sein: Denn Mitarbeiter, die es verstehen Prioritäten zu setzen und ihr eigenes Zeitkontingent effizient zu nutzen, strahlen Kompetenz aus. (3), (7)

Strategien und Techniken im Zeitmanagement

Im folgenden Abschnitt wird eine Auswahl an Methoden vorgestellt, wie die eigene Arbeit strukturierter gestaltet werden kann.

Das Eisenhower-Prinzip

Der frühere amerikanische Präsident Eisenhower ist Namensgeber dieser Methode. Sein Prinzip war es, zunächst alle nicht wichtigen Aufgaben, die an ihn herangetragen wurden, abzulehnen. Eisenhower unterschied grundsätzlich vier verschiedene Aufgabentypen: Wichtige und dringende Aufgaben wurden sofort bearbeitet. Wichtige Aufgaben, die jedoch keine Dringlichkeit hatten, sind entsprechend terminiert worden. Dabei ist darauf geachtet worden, dass dieser Bearbeitungszeitpunkt zu einer Zeit war, in der die Konzentrationsfähigkeit des Bearbeiters hoch war. Aufgaben, die zwar dringend, jedoch nicht wichtig waren, wurden zu Zeiten erledigt, an denen die eigene Leistungskurve unten war. Letztlich wurden die Aufgaben, die weder dringend noch wichtig waren delegiert oder verworfen. [(2)](), [(5)](), [(12)](), [(13)]()

ALPEN Methode

Im Rahmen dieser Methode werden alle anstehenden Aufgaben im Abgleich mit den eigenen (Tages-) Zielsetzungen gesetzt und strukturiert. Die Aufgaben werden daher immer im Sinne der Zielerreichung umgesetzt: Zunächst werden alle Aktivitäten und Termine (Aufgaben) notiert. Anschließend erfolgt eine Zeitschätzung dieser Tätigkeiten (Länge). Das Einplanen von Unvorhergesehenem (Pufferzeit) ist ein Wesentlicher Faktor bei der Umsetzung der ALPEN Methode. Im Anschluss erfolgt das Einschätzen und Festsetzen von Prioritäten (Entscheiden). Letztlich werden die umgesetzten Aufgaben auf ihre Zielerreichung hin überprüft (Nachkontrolle). (7), (8), (10)

Pareto-Prinzip

Im Rahmen des Pareto-Prinzips wird davon ausgegangen, dass die zeitliche Planung der eigenen Arbeitsstunden häufig überschätzt wird. Die Idee des Pareto-Prinzips ist daher, dass 20 Prozent der zur Verfügung stehenden Zeit verplant werden soll, um 80 Prozent der Aufgaben umzusetzen, die an einem Arbeitstag anfallen. Eine ähnliche Einteilung wird auch bei der 60 Prozent Regel angenommen: Dabei werden 60 Prozent des Tages fest eingeplant. Auf diese Weise bleiben weitere 20 Prozent der Zeit für außerplanmäßige Aufgaben und Ereignisse sowie weitere 20 Prozent um kreative Zeiten oder Pausen zur Verfügung zu haben. (8), (9), (3)

Bündelung von Aufgaben

Häufig sind Aufgaben heterogener Natur. Das heißt, dass neben kreativen Aufgabenstellungen auch Standardaufgaben und außerplanmäßige Aufgaben an einem Arbeitsalltag anfallen können. Gleichartige Aufgaben können daher auch in thematischen Blöcken zusammengefasst werden. So können beispielsweise Aufgaben wie zum Beispiel Telefonate oder Emails in Aufgabenblöcke gebündelt und zu bestimmten Zeiten umgesetzt werden. (4), (8)

Pausen und Auszeiten

Jeder Mitarbeiter hat einen eigenen Biorhythmus. Die Leistungsfähigkeit ist daher im Tagesablauf unterschiedlich. In der Regel ist der Höhepunkt der Leistungsfähigkeit am Vormittag. Dies bedeutet, dass man wichtige Aufgaben vormittags erledigen sollte. Im Laufe des Tages vornehmlich zur Mittagszeit sinkt die Leistungskurve ab, um gegen Abend erneut ein

Leistungshoch zu erreichen. In den leistungsschwachen Zeiten sind Pausen und Auszeiten sinnvoll. Dies ist nicht nur im Sinne des Biorhythmus sinnvoll, sondern steigert auch die Produktivität, da immer wieder neue Energie für die anstehenden Aufgaben gesammelt werden kann. Medizinischen Untersuchungen zufolge kann dieser Erholungswert maximiert werden, wenn nach jeder Arbeitsstunde zehn Minuten Pause gemacht werden. (8)

Fallbeispiele

Viele Arbeitnehmer gehen mindestens einmal in ihrem Arbeitsleben in ein Zeitmanagementseminar. Lothar J. Seiwert, Gründer des Seiwert-Instituts in Heidelberg, konstatiert, dass Zeit inzwischen zu einem sehr kostbaren Gut im Leben geworden ist. In seinem Institut wird das Standardrepertoire an Techniken wie man seine Arbeitszeit effizienter nutzen kann, gelehrt. Hierzu gehören auch Techniken wie der eigene Schreibtisch geordnet werden soll oder wie man Arbeitsaufträge priorisieren kann und wie viel der eigenen Zeit täglich für unerwartete Aufgaben reserviert werden sollte. In seinen

Seminaren bringt der Experte Seiwert seinen Seminarteilnehmern außerdem bei, wie sie ihre Work-Life-Balance wieder herstellen können. Das Formulieren einer eigenen Lebensvision und wie jeder es schaffen kann, diese Lebensvision zu verwirklichen gehören daher zum Inhalt der angebotenen Kurse. Das neue Motto vieler Zeitmanagementexperten sind daher Sätze wie aus Seiwerts neuem Werk Die Bären-Strategie: Mach mal ne Pause, Nutze den Tag oder Verwirkliche Deine Träume. Sie alle zielen darauf ab, die Lebensqualität der Seminarteilnehmer nachhaltig zu verbessern. (14)

Weiterführende Literatur

(1) Stress lass nach
aus "Extradienst" Nr. 06/08 vom 27.06.2008 Seite: 72

(2) Zeit-Management: Lernen Sie Nein sagen
aus Computerwoche, 23.05.2008, Nr. 21 Seite 26-27

(3) Telekom-Stress-Umfrage: Wie gehts dir in deinem Job?
aus "Computerwelt" Nr. 07 / 2008 vom 09.04.2008

(4) Mit System gegen das Chaos Selbstmanagement
aus WirtschaftsBlatt, 14.03.2008, Nr. 3071, S. 32

(5) Zeitmanagement als wichtiger Helfer bei der Arbeitsorganisation

aus Saarbrücker Zeitung vom 08.03.2008

(6) Selbstmanagement für ärztliche Führungskräfte: Wer nicht selbst gestaltet, wird gestaltet
aus Deutsches Ärzteblatt 44/104 vom 02.11.07 Seite [107]

(7) Karrierefaktor Zeitmanagement: Die richtigen Dinge tun
aus Deutsches Ärzteblatt 39/104 vom 28.09.07 Seite [99]

(8) Auf der Suche nach der verlorenen Zeit
aus Verkehrs Rundschau, Heft 33/2007, S. 36

(9) Einteilung ist alles!: Zeitmanagement als Lebensaufgabe
aus Bilanzbuchhalter und Controller, Heft 04/2007, S. 109

(10) Wie die Bergsteiger Methoden für Zeit- und Selbstmanagement: Teil 2 / Tagesziele erreichen mit der Alpen-Technik
aus Frankfurter Rundschau v. 09.09.2006, S.23

(11) Zeitplanung als Herausforderung zur Selbstorganisation
aus Zeitschrift für wirtschaftlichen Fabrikbetrieb, Heft 9/2006, S. 474-475

(12) Sich auf das Wesentliche konzentrieren Methoden für Zeit- und Selbstmanagement: Teil 2 / A, B, C oder Papierkorb – der Umgang mit Prioritäten

aus Frankfurter Rundschau v. 26.08.2006, S.21

(13) Ziele im Blick Methoden für Zeit- und Selbstmanagement: Teil 1 / Mit der "Smart-Formel" zum Erfolg
aus Frankfurter Rundschau v. 12.08.2006, S.21

(14) Anastassiou, Christina, Gegen Zettelwirtschaft und Suppenkoma, Die Zeitmanagement-Branche lehrt, effektiver zu arbeiten und mehr Zeit für das Wesentliche zu haben. Voraussetzung ist die Formulierung einer Lebensvision, Welt am Sonntag, 04.06.2006, S. 44
aus Frankfurter Rundschau v. 12.08.2006, S.21

Impressum

Engpassfaktor Zeit - Strategien und Techniken im Zeitmanagement

Bibliografische Information der deutschen Nationalbibliothek

Die Deutsche Nationalbibliothek verzeichnet diese Publikation in der deutschen Nationalbibliografie; detaillierte bibliografische Daten sind im Internet über http://dnb.d-nb.de abrufbar.

ISBN: 978-3-7379-0211-3

© 2015 GBI-Genios Deutsche Wirtschaftsdatenbank GmbH, Freischützstraße 96, 81927 München, www.genios.de

Alle Rechte vorbehalten. Dieses Werk ist einschließlich aller seiner Teile – z.B. Texte, Tabellen und Grafiken - urheberrechtlich geschützt. Jede Verwertung außerhalb der Grenzen des Urheberrechtsgesetzes bedarf der vorherigen Zustimmung des Verlags. Dies gilt insbesondere auch für auszugsweise Nachdrucke, fotomechanische

Vervielfältigungen (Fotokopie/Mikroskopie), Übersetzungen, Auswertungen durch Datenbanken oder ähnliche Einrichtungen und die Einspeicherung und Verarbeitung in elektronischen Systemen.